МИРОСЛАВ Б. МЛАДЕНОВИЋ МИРАЦ

БОЖИЋНИ ОБИЧАЈИ У ВЛАСОТИНАЧКОМ КРАЈУ И ОКОЛИНИ

ВЛАСОТИНЦЕ,   2016. ГОДИНЕ

1

Абстракт ((Summary):

У власотиначком крају и околини-Бадње дан(Бадње вече) и Божић, са радошћу се дочекивао са бројним обредно-ритуалмо-магиским радњама; са којима се у веровању штитило: здравље људи и стоке, доносила срећа, напредак у кући, на њиви, пољу, стоке, воћњацима и у печалби печалбара.

На Бадње вече се спрема посна вечера:пасуљ, посна сарма, посна баница, куване воћке, куване и печене печенке(тикве-бундеве), шећер, смоква, кувано жито,, ораси-са колеђаницама (месени хлебови):поље, крстина-жито, стогови сена, „колеђан“(хлеб) у виду „круга“-прстена, који је чуван до ђурђевдана када се преко њега промозувале овце на премлаз, са вером да ће Бог дати више млека. Меси се Колач и Кравајче-са паром-новчићем у њему, ломи се у току вечере и прво се ставља парче хлеба за кућу, па домаћина и тако редом за сву чељад.

Коме се падне пара-новчић, сматра се да ће бити срећан и имаће пара-новац целе године.

Другог и трећег дана Божића се у поље „пали слама“ и стављају „крстићи“ од бадњака у најбољу њиву, како би по веровању била што берићетнија година у поље и кући.

Поред тога, у воћњацима се стављају и „колцетија“ од божићне сламе (или ужета) са црвеним концем,

2

како би воће током године више родило и тако било више ракија и вина у бурету и бачвама.

На почетку 21. века задржани су многи обредни обичаји око „паљења ватре" и бадњака, као и сечења бадњака са задржаним старим обичајима и ритуалним обредима везаних за хришћаство.

На крају аутор се потрудио да овај рад о Божићу, употпуни са аутентичним фотографијама божићних обичаја и ритуалних обреда на почетку 21. века у власотиначком крају и околини.

Кључне речи: Бадњак, Бадње дан, Бадње вече, Коледари, Коледарске песме, Божић, , слама, обредни хлебови, „колеђанке", печеница, погача (чесница), „колцетија"(ужета), казивачи, фото записи

УВОД

Кад је реч о празницима српског народа, сва се празника морају споменути на првом месту: *Слава* и *Бадњи дан* или *Божић*.
Оба празника су наслеђена из старинске религије, и у току времена до извесног степена добили су христинилараизацију од стране цркве.

Након шестонедељног поста, на *Коледу* (*Бадњи дан*) вршене су припреме за тродневни *божићни празник*. Тог дана се, пре свануђа, доноси предходно одабрани *бадњак*, а његово доношење и усправљање уз *дрвник* оглашавано је пуцњем из пушке, прангије или кубуре.

Домаћице су рано изјутра испекле колаче величине шаке, у виду укрштених плетеница и њиме даривале *коледаре* који су у току дана долазили.

У очи Божића у овом крају су се певале *коледарске песме*, које потичу још из паганских времена.

Оне су изражавале радост због буђења природе, а њихов свечан тон био је у тесној вези с ритуалном радњом којом је требало умилостивити божанства да буду благонаклона према човеку.
У њима се често пева и о рођењу Исуса Христа.
Маскирани *коледари (колеђани)* су имитативним магијским радњама дочаравали орање и сејање, а сам обред је у тесној вези с култом предака.

Тај обред певања коледарских песама задржао се у црнотравско- власотиначком крају све до шездесетих годна 20. века, али је скоро нестао увођењем комунистичке идеологије у свим порама друштва; јер се сматрало да је „религија опијум за народ" и противу ње се требало борити свим средствима-па и забраном разних обредних ритуала у извођењу божићних, ђурђевданских, лазаричких. додолских, и других песама везаних за верске обреде и прошлост нације.

Бадње дан-Бадње вече и *Божић* се са радошћу дочекивао са бројним обредно-ритуалмо-магиским радњама; са којима се у веровању штитило: здравље људи и стоке, доносила срећа, напредак у кући, на њиви, пољу, стоке, вођњацима и у печалби печалбара.

На Бадње вече се спрема посна вечера:пасуљ, посна сарма, посна баница, куване вођке, куване и печене печенке(тикве-бундеве), шећер, смоква, кувано жито,, ораси-са колеђаницама (месени хлебови):поље, крстина-жито, стогови сена, „колеђан"(хлеб) у виду „круга"-прстена, који је чуван до ђурђевдана када се преко њега промозувале овце на премлаз, са вером да ће Бог дати више млека.

Меси се Колач и Кравајче-са паром-новчићем у њему, ломи се у току вечере и прво се ставља парче хлеба за кућу, па домаћина и тако редом за сву чељад.
Коме се падне пара-новчић, сматра се да ће бити срећан и имаће пара-новац целе године.

На Бадње вече у собу се ставља рагожа (рагозина)-исплетена од ражене сламе, на којојн се некада спавало на „земљу"(под собе), па на сламу покровац(од козине) и све што је спремљено се ставља на покровац.

Онда после уношења бадњака у собу, домаћин запали свећу младом Богу, затим домаћин сече колач. Кад се колач сече каже се:" Х(К)ристос по међу нас"-један говори, а други одговара:"јес да буде". Говори се три пута.

Наравно сви чланови у кући се тада крсте, приликом сечења колача и давања благослова.
 Приликом сечења колача, домаћин изговара благослов овако:"Једни секли, други се рађали, пуне бачве сас вино, бурићи сас ракију, амбари сас жито…".

Колеђанице (хлебови)-који имају одређено значење: кућу, стоку, њиве, лозја…, оставља се и сече при стоку, у лозје и у њиву, пресече се и набије на на крст насред њиве-као благослов гомиле снопова у њиви.
 Крстина је зденуто снопје „на крст" од 16 снопова „унакрс".

 У старија времена кравајче са паром се делило овако: прво Богу, кући, домаћину, па редом укућанима.
Онај ко га ломи и дели, он мора да жмури да би подела била праведна.

Наравно онај коме се буде пала пара, биће срећан целе године, али уколико се падне пара Богу, онда се треба

искклепати ралник-ралице (рало) за орање њиве, а веровало се да чим се пара падне Богу, да ће се родити доста жита: пшеница, јечам, овас и раж-зависно од подручја успевања житарица.
Кравајче се ломило пред вечеру.

Пред вечеру се исзноси баница „орашлика" и викало:" лисице, курјаци(вукови) ајде да вечерамо"-прво се позива и понуди дивљач, па се мало шкрипну врата- као да су јели.

Ујутру на Божић кад се људи сретну, једни другима кажу: „Христос се роди"-други одговара:"Ваистина се роди" или :„Добро јутро-родио се млади Бог"-а други одговара:"Заиста се родио" ; или: „Срећан Божић"- одговор:"Хвала".

Веровало се да ће паљењем ватри, посебно божићних, људи дати снагу младом Сунцу да поново ојача за следећу годину.

Ове верске празнике са њиховим обичајима прате и многе „жртве" у виду; „бадњака, обредних хлебова, препеченице (прасе, јагње, живина, врабац-жутајка птица), воћни плодови, жито, кукуруз и вино.
Сматра се и верује да се тиме умилостивљују божанства плодности, светлости, душе поконика, зле и невидљиве силе.

Бадње вече- Први, други и трећи дан Божића су се прослављовали уз одређене обредно-религиске радње.

То се нарочито испољавало у сечењу бадњака, уношењу бадњака у кућу, ритуала око доношења бадњака и сламе у кућу, око обредних хлебова, прављење крстова и паљења сламе на њивама и „кићење“ воћки уз ритуалне радње трећег дана Божића.

За *Бадње вече* и *Божић* су остала многа веровања у моћ магиских сила на човека и стоку, па се тако сматрало да ће уз помоћ „младог Бога“ ће се одупрети многим злима и сотонама да се онемогући њихово дејство на здравље људи и стоке, као и на бериђет у кући и пољу.

Негде седамдесет и седме године 20. века- прилоком похађања школе одраслих у село Крушевица, све о *коледарским песмама* сам забележио од тада ученика за одрасле- који су певали *коледарске песме* после Другог светског рата по селима Ладовица, Крушевица и Орашје, а и од неких рођених и после Другог светског рата у село Средор; а и у време божићних празника. певање *коледарских песама* забележено је и на подручју Црне Траве.

Божић као световни празник се у нашем крају славио слично свуда и на село и у граду.
Данас на почетку 21. века многи божићни обичаји су обновљени, сечење бадњака у виду „младице“ храста или „шумке“, који се носи у очи Бадње вечери, припрема „посна вечера“, пали „ватра бадњака“ у граду и још изводе неки ритуали за време и после Божића и на село и у граду.

Но, има и појава помодарства и тежњи „материјализовања" као потрошње-да се нешто заради наиме „сечења бадњака, печенеице-печење прасета на ражњу" , рекламирања „бадњака-печенице" и Божића као народног празника за комерцијалне сврхе.

Треба се и у духовном и световном свету сачувати све наше обичаје и традицију везано за српску нацију; па и божиће обичаје са њиховом поруком за један хуманији и праведни свет живота на планети.
* * *

Коледари-Колеђани у стара времена

У време Божића у власотиначко-црнотравском крају било је ритуалних обичаја, који се у овом крају обредно показивао преко извођења коледарских песама. Тај ритуални обичај уз коледарских песама су изводили Коледари-Колеђани.

То су биле маскиране поворке старијих или деце, које су представљале разна чудовишта, духове и мртве претке.

Коледари су изводили коледарске песме, које обредно припадају групи најстарих српских народних(обредних) песама и певане су у ово доба године, око зимске свакодневнице.

Има их(мање више) код свих словенских народа, а обред се састојао у прослави и дочеку новорођеног Сунца као малог Бога (Божића), пореклом од Сварога(зато Сварожић) под именом Кolеђа, Колинда, Кошада и сличним дијалектолошким разликама.

Колеђани-Коледари су пред Божић на пет дана ишли од куће до куће до куће и певали коледарске песме.

Иду три мушкарца, укитени са босиљком, са клопотарима(звонце-меденица, која звони и носио је ован као „претводник" стада оваца).

Двојица певају, а један носи бисаге(козја торба-са два дела преклоп напред и позади, које се често користили за сејање жита у њивама) у које се као „дар" за отпевану песму добијало: ораси, крушке, сушенице(сушено месо –данас вешалице), кромпир и друго.
Све се то добијало за отпевану песму у кући домаћина.

Фото запис „Коледара" на крају 20 века у македонском селу Илино, а некада су групе „коледара" у Македонији и Југу Србије у већини чинила деца.....

Улазак „коледара“ у кућу...........

* * *

Коледари-Колеђами групе дечака(Мала коледа)или младића(Велика Коледа)

Група дечака која изводила обредне божићне песме називала се *Коледари* или *Колеђани(Мала Коледа).*
Док ако су обредне радње коледара изводили младићи, онда се звала ВЕЛИКА КОЛЕДА.
Коледарске песме се певале пет дана пре Божића.
Певачи песме зову се: *мала Коледа* од три дечака.
 Коледари су добијали дарове-поклоне, за отпевану песму у кући домаћина и то: пасуљ, кукуруз, орахе, сушенице, воћке.
 Коледарима су често звали *Колеђани.*
Они су певали коледарске песме пред Божић, на Дан светог Игњата.

Обично су ишла по тројица дечака , закићени босиљком, који су носили *колеђанке-тојаге* односно дугачке мотке.

Коледари су посећивали домаћинства одмах после пола ноћи. Уласком у кућу, најпре су су благосиљали домаћинство:

„*Пуна кућа с'децу*
Пуни амбари сас жито,
Пун замет сас овце..."

Тако да су певали песме дубујући по такту *тојагама* о под, а домаћице су их дариване орасима, јабукама, а богами и по којом сушеницом! Тада су *колеђани* певали и овако домаћицама:

" *Укачи се стринке на столичку,*
Па ни скини сушеничку!"

Један од њих је носио торбу или бисаге у којима су смештали дарове.

Данас на почетку 21. века сам забележио у село Доња Ломница да још има група дечака-певају коледарске песме, али са другим обликом извођења. За отпевану песму кажу добијају смоки, чоколаде, јабуке, орахе и новац 20-30 динара по песми.

У записима у школам села: Крушевица, Доњи Дејан, Бољаре, Манастириште, Доња Ломница и Шишава, ученици су ми помагали у сакупљању изворних лирских песама, па и коледарских песама, које су у посебном запису публиковања

* * *

КОЛЕДАРСКЕ ПЕСМЕ

Колеђани-Коледари певају коледарске песме од Игњата(Подложња) до Бадњака(од 2 јануара до 6 јануара):

„Замучи се божја мајка,
Од Игњата до бадњака,
Да роди Божића,

х

Сестро петро коледо,
Навези ми коледо,
Десно крило коледо,
С оне стране Мораве, коледо
Да наберем вито пруће коледо,
Да заградим струку коледо,
Да намузем чабар млеко коледо,
И чабрицу коледо.

х

Да обиђемо младог Бога коледо,
И Божића коледо.

х

Ој Јоване коледо,
Крститељу коледо,
Да ми крстиш коледо,
Младог Бога коледо
И Божића коледо.

Запис: 1978. године село Крушевица, Власотинце

Казивач: Марковић Чедомир (1932.г) село Крушевица. Ишао као дете у Коледама и певао Коледарске песме. *Забележили:* Марковић Дивна ученица шестог разреда ОШ „Карађорђе Петровић" село Крушевица Власотинце и наставник математике Мирослав Младеновић.

* *

Коледе
(*Кад улазе колеђани у кућу*):

Добро вече коледа,
домаћине коледо,
Добро вече коледа,
домаћине коледо,
Затеко смо вечере,
На трпезу вино пије,
Твој говедар код говеда,
Краве ти се истелиле,
Све волове виtúроге,
Кобиле се иждребиле,
Све коњиће путоноге,
Овце ти се изјагњиле,
Све овчице свиларуне.

Запис: Запис 1976.године села: Бољаре и Крушевица, Власотинце
Казивач:- Милунка Вељковић(удата у село Крушевица), Власотинце
Записивачи: Љиљана Милошевић ученица петог разреда ОШ „Карађорђе Петровић" село Крушевица Власотинце и наставник математике Мирослав Младеновић

* *

Коледа

Предвечни
Роди се послечни
Војскодер
Земљу пресвети
Данас вози возиде
Нека свету превезе
Исуса, Исуса.
Надвикни
Деву повијати
Не престај
Станче, Пилованче,
Судите ли вашега
Знате Бога нашега
Зерије, зерије.
Палаћна
Месечина била
Ђердева сина породила
Марија га повила
У шарене пелене
Ирода, Ирода.

*

Укачи се стрина на столицу,
Довати ми кобасицу,
Испрати ме до вракњицу.

Песма се певала 5 дана пре Божића. Певачи зову се: мала коледа, од три дечака. За отпевану песму у кући домаћина- њима се даје поклон у виду:

Пасуљ, кукуруз, ораси и новац.

Запис: *1977.године село Ладовица, Власотинце*

Казивач: *Стојковић Чедомир, рођен 1931.године, село Ладовица-похађао 1977.године у село Крушевицу основну школу за одрасле у ОШ „Карађорђе Петровић"*
Забележио: *Мирослав Младеновић, наставник математике и локални етнолог , Власотинце*

    * *

Колеђани у кући:
Добар вече коледо
Домаћине коледо
Затекосмо где вечера
На трпези вино пије
Твој говедар код говеда
Краве ти се истелиле
Све волове витороге
Кобиле се изждребиле
Све коњице путоноге
Овце ти се изјагњиле
Све овчице свилорујне
Чобанин се наслонио
На ралицу оровову
Туд пролази млада мома
Да подкине ту гранчицу.
Таја рачац и орачац
(кад се изилази из куће да им се дају ораси)

Укачи се стрина на столицу
Да ми даде кобасицу
(Пева се кад се изилази из куће)
Запис: 1978.године село Бољаре, Власотинце
Казивач: *Олга Милошевић, село Бољаре, Власотинце*
Забележио: *Мирослав Младеновић локални етнолог и историчар, Власотинце*

* * *

Запис о Божићу:

Божић као световни празник се у нашем крају славио слично свуда и на село и у граду.

На *бадње вече* код нас у моје родно село Г.Дејан (махала Преданча) а и у село Крушевица(где сам службовао у школи од 1973.г. до 1985.године и становао у приватној кући у село Крушевица), као и у осталим селима брдско планинског дела Власотинца- као дете памтим да негде педесетих година 20. века овако се спремало за *Бадње вече*:

- Омесе се'лебови: *поље, краве, свиње, кокошке, кућа, лозје, гумно, бачва и орашњак (то је баница-испечу се коре и напрску се са ораси и са водом)-па се изнесе у белу мушку кошуљу са босиљком и женком.*

Домаћин иде предвече и одсече *бадња к*(церово дрво младо).

Бадњк дрво се исече на комаде, па се уноси увече у кућу са сламом и бадњаком.

Домаћин чукајући на врата-улази у кућу и виче: *"Еј мечка однесе орашњак, добро вече, дошла нова година, сас јаретинка, сас прачетинка, телетинка, сас дечица* (све се изговара што им је мило у кући)"-а чланови породице у кући извлаче сламу и изговарају:-*ме... кују...му...бе.."-блеју, рикају, пискају:пију, пију...*

То је било 60. година 20. века, а касније се увече секо *бадњак* (млада церовина)-три пута ударило секиром, *пила ракија за благослов,* тако да је дрво падало у правцу изгревања сунца.

Бадњак се уносио унутра, са малим *завежљајем сламе,* уз лупање врата онога ко уноси бадња к(домаћин куће)

19

и радосним речима:"*добро вече,носим вам бадњак у кућу, уносим вам радост у кућу, стиже млади Бог*".
Са сламом домаћин иде по кућу и вика :,,*квак, квак...*" -а деца иду по њега и вику:"*пију,пију..*"-опонашајући квочку са пилићима.

Све што се спреми за бадње вече се ставља на сто на коме домаћин запали свећу уз ритуал.
Више се *бадње вече* није славило на сламу у кућу.
Тада домаћин изговара:" *родио се млади Бог*"-а чланови куће одговарају-,, *заиста се родио*".
Негде 70. година 20. века у село Крушевица, са породицом сам приватно становао у кући *Ивановић Јована* и све до 1980. године учествовао у *божићном ритуалу*, који је исти био као и у мом детињству негде 50. година 20. века у родно место Преданча (с. Г.Дејан).
Читаве те генерације су веровале и истинки су славиле *Божић*, а ми смо се као деца-потом и мој син као дете у Крушевици, радовао том празнику.
Наравно да у брдско планинском делу власотиначког краја *Божић* је слављен као истински хришћански празник, безобзира на тадашње забране комунистичке идеологије, јер она није много имала утицај на овај слој планинских горштака јер се никада нису бавили политиком и били су само марљиви печалбари, који су се борили противу свог сиромаштва.
Тако су остала сећања из детињства 60.година 20. века, када се због сиромаштва првог дана Божића ,,мрсило" са врапцем или птицом жутајком-јер нико није имао прасе ,,божићара" у обор.

Те врапце и жутајке-печеницу, хватали смо на „примку"(направа од рашље храстовог лисника с којим су храњене зими овце, се у полукруг са дршком од ве решље направи са „замлкаама" од коњске длаке „примка" за хватање птица на сеоском ђубришту у току зиме).

Док, жутајке-печенице смо хватали, тако што се отвори племља са сеном или сламом или штала и када се напуни унутра са жутајкама(жуте) птицама и врапцима, онда се дугачким канапом(ужетом) привуче на резу врата; да би после се отварала врата и са гранастом младиком поубијали те птице.

После смо им скинули перја и на „ражањ" вртели пред огњиштем у старим кућама или у ватри шпорета или кобета и тако добијали „жртву"-печеницу за Божић.

Сећам се када смо са сестром „китили" са „колцетија" воћке трећег дана Божића, а уз то и изводили магиске радње да би воћке родиле у наредну годину.

Мајка је на Божић са оцем палила ватру и носила „крстеве" по њивама, како би се повећао принос у пољу.

Као детету најдраже ми је било уношење сламе са бадњаком у кућу од стране оца, потом настављани и нарећани колачи-колећани на соври, где су се оз обредне обичаје изводиле многе магиске радње за здравље стоке и укућана, добру печалбу и напредак у стоци и пољу.

Ми смо се током три дана „ваљали" и играли по тој „божићној слами". Мајка и баба су биле побожне жене и све што је требало да се изведе у својству религиских обреда, то су радиле са вечилом посвећеношћу православној вери и Богу,

Све „колеђанке"-колачиће (са одређеним симболима) су остављале за одређене намене касније у другим светковинама и верским обредима.

Негде у половини седамдесетих и осамдесете године 20. века, верски празник *Божић* и обреди са ритуалом су почели да се губе, јер настаје време школоване генерације у једном другом систему вредности социјализма.

После распада социјализма , негде деведесетих година 20. века и почетком 21. века, неки обичаји везани за *Божић* се некако враћају, али на један други начин, који није био истинска вера у љубав, поштење и људске вредности.

 Прво је потрошачко друштво у време социјализма утицало да се потпуно одбаци традиција-па и *божићни обичаји*, па се нажалост у 21. веку некако полако враћају, али више из помодарства и неког самодоказивања и исказивања моћи, што је у супротности са *хришћанством.*

Но, ипак *Божић* се слави у скоро свим домовима-славе га и они који верују или не верују или су слављеници из помодарства.
Нема више ни села, она су опустела, а са њима и стари обичаји везани за Божић и друге верске празнике.

*

Jeram
Telci
Krave
Krst
Krave
Kljunica
Polje
Čep
Bačva
Kapije
Zamet
Ovce
Ovčar
Kuče (Pasovčarski)
Kolač (polje, stoka)
Ljudi
Komin
(Odžak)
Kokoška
Svinje
Kuća
Kupara
(Žito)
Gumno

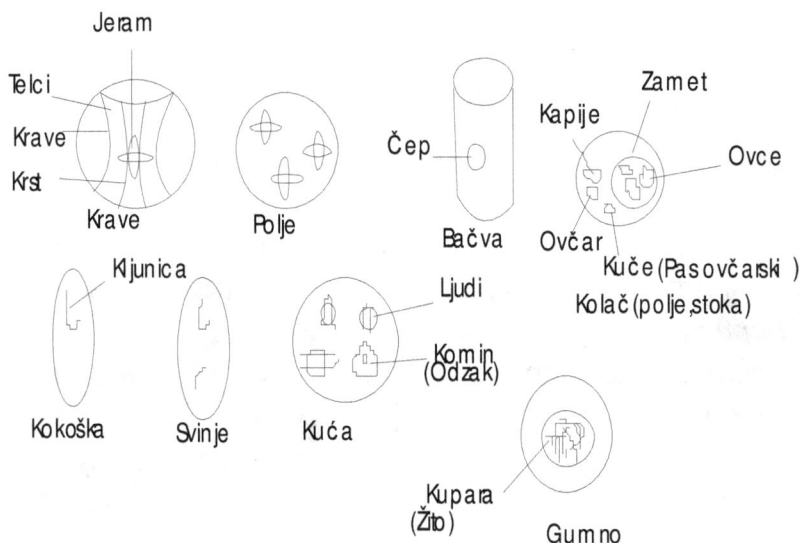

ОБРЕДНИ ХЛЕБОВИ (*омешени за бадње вече*) *– са
обредним значењем(село Преданча, Крушевица, запис
1980.године, Власотинце, Србија
Забележио и графички нацртао фигуре обредних
хлебобова 1980.године у с. Крушевица у домаћинству
Ивановић у времену заједничког дочека Бадње вечери:
Мирослав Б. Младеновић Мирац(1948.г.) наставник
ОШ „Карађорђе Петровић" с. Крушевица, Власотинце
и локални етнолог,етнограф и истпричар*
    *

*Из рукописа: УМОТВОРИНЕ ИЗ
ВЛАСОТИНАЧКОГА КРАЈА, (ЗАПИСИ: 1970-2008.г
Крушевица-Власотинце, Аутор: Мирослав Б.
Младеновић Мирац локални етнолог Власотинце*
* * *

БОЖИЋНИ ОБИЧАЈИ- *село Кална (црнотравски крај)*

На *Коледу* (*Бадњи дан*) се, пре свануђа, доноси предходно одабрани *бадњак* (букова облица дугачка и по више метара), а његово доношење и усправљање уз *дрвник* оглашавано је пуцњем из пушке, прангије или кубуре.

Домаћице су рано изјутра испекле колаче величине шаке, у виду укрштених плетеница и њиме даривале *коледаре* који су у току дана долазили.

А *коледари* су, са торбицом преко рамена и *криваком* , обилазили сваку кућу у својој и суседним махалама, и са узетом гранчицом од бадњака, при улазу у кућу, поздрављали домаћина са „*славите ли Бога Божиђа*" а домаћин је одговорио: „*славимо, славимо*".

После даривања колачима, јабукама, орасима и другим слаткишима, коледари су излазили из кује, опет се поздравом домаћину:" *ми из ижу Бог у ижу*".

И тако редом, коледари су, а то су били у нова руха обучени дечаци узраста до 15 година, пунили своје торбе, а домаћини се радовали њиховом доласку.

На *Бадњи дан*, предвече, домаћин је секао *бадњак* и тако припремао дрва за печење прасета које је у току дана заклао.

Затим је у сумрак уносио у собу бреме сламе и при томе квоцао попут кокошке, а деца су трчећи око њега пијукала као пилићи, што је требало да значи да ће у току године бити доста кокошака и пилића. Уношењем сламе највише су се радовала деца јер су се по њој играла до миле воље.

На постељи од те сламе ручавала је и спавала цела породица за све време божићног празника. За вечеру су припремана посна јела и куване су „вочке" (суве крушке).Погача је била украшена фигурицама волова са ралом, оваца са јагањцима и другим домаћим животињама као симболима орања, плодности, добре године итд.

У њој је био метални новчић, па је ломљена, на онолико равних делова колико је било чланова породице, па коме западне комад са новчићем тај ће, по веровању, бити срећан у животу.Први дан Божића је слављен у кругу породице, а најављиван је пуцњем из пушке, рано ујутру, када је прасе било испечено. Преко дана младеж се љуљала на високо направљеним љуљашкама, уз гласно и весело подврискивање.

Другог дана Божића је био велики сабор код цркве, у центру села. Играло је и старо и младо до касно навече.

Трећег дана Божића је био испраћај Божића. Тада се износила слама и од ње су прављени венчићи који су стављани на све воћке.

Ово су обично, радила по два члана породице, један је носио секирицу и ударивши овлаш у стабло говорио::" че рацаш ли, ако не рацаш чу те исечем", а други је, као у име воћке одговарао:"чу рацам, чу рацам" и тако је стабло „поштеђено од сече". Венчић окачен на воћки стајао је на њој преко целе године.

(Извор:-Воја Богојевић, Чедомир Милошевић, Борко Томић:-КАЛНА ЦРНОТРАВСКА, Црна Трава, !987.године; БОЖИЋ:-стр: 165-166.г)

***

БОЖИЋ НА ПОЧЕТКУ 21. ВЕКА

Данас се скоро Божић слави подједанко исто и у
селима и у граду.

Ретки иду те секу Бадњак, изводе обред са три пута
ударање секиром, крстење, пијење ракије уз благослов
и доношење бадњака испред куће и и уношење сламе у
кућу.

Махом се иде по „*шумкама*"-грањке од цера-храста, се
продају на пијац или се иде по њих изван града или
села.

Често са њима „ките" кола, па их можете видети свуда
по граду.

Спрема се вечера, изводе по неки обичаји везани за
„*тражење паре*" у кравајчету, а има још по неких
сељака који испоштују старе обичаје на њивама са
пољем, воћњацима (односе се „*колца*" од сламе или
„*ражене уплетенице*" са црвеним концем-ките воћке) и
виноградима.

Махом се и на село и насељеници из села у град на
периферији пеку прасе на ражањ-остао стари обичај,
да би се у предзору пуцало са петардама-негде и из
ватреног оружја, а некада се пуцало у време мог
детињства средином 20. века помоћу прангије, која се
„пунила" барутом .

Нажалост та „пуцњава" се наставља и по цео дан-шенлучење из ватреног оружја, па се често долази и до повреда. Сада се често користи „јутарњи поздрав"-рођења Христа, али помало је то све вештачко, нема ону праву верност у речима и осећањима.

Данас има и колективно паљење бадњака, кога организује православна црква у граду.

Народ се ипак негде окупља, што је важно за његов опстанак у овим смутним временима.

Сви ми који памтимо старе обичаје и смо учествовали у радостима божићних обичаја, помало са сетом се сећамо своје прошлости и радујемо се што се наша традиција наставља, па макар и у неком другом облику.

Из рукописа: УМОТВОРИНЕ ИЗ ВЛАСОТИНАЧКОГА КРАЈА, (ЗАПИСИ: 1970-2008.г Крушевица-Власотинце, Аутор: Мирослав Б. Младеновић Мирац локални етнолог Власотинце

* * *

БОЖИЋНА ВЕРОВАЊА

Запис старих божићних обичаја и веровања:

Бадњак к'д се ставља да гори у огањ, онда се куком „меша“ и изговара: "колко жарица, толко парица"

Крстеви са белим кочаком се односи и на гумно, а они који не славе-сламу пале трећег дана Божића.

Неки увече стављају мед и кравајче(део) и ујутру ако се женстина(женска особа) прва облажи(проба-узме), онда ће стока бити женска, ако се прво облажи мушка страна, онда ће стока бити мушка.

Негде се воћке(кувани компот од сувих шљива) готве(спремају) ујутру, па се прво женско заблажи(проба) од дивљач, да буде женска стока.

Кравајчетија (колеђани)-хлебови: краве, поље и бачве се ломе у њиву ујутру, а све остало увече.

Од чорбе од воћке (компот од сушеног воћа) се маже врат кравама, да их „не убија“ врат, кад вуку јарам-било када се оре или вуку запрежна кола.

Кад се кади-три пута се опколи, а сви се крсте, да ђаволи побегну од тамњана-изговара домаћин куће.

Ујутру се мало лизне од печенке(врста тикве-бундеве), да ни невата горушица.

Од колач и од „кућу" ставља се куде гори бадњак-а женска страна треба да погледа како гори бадњак, да се телци и јагањци рађају женска.

На Бадње вече се крију столице, кудеље, игле и вретена (а кашике се крију на Свети тривун-кад су вериге зими-да се не куса да пилитија (вране, сојке и друге) лети не кљују царевицу(кукуруз) кад је посејана на њиву или када узреје у класовима)-а игле и вретена се крију, кад се жње да трстика не рчне (убоде) у око.

За Бадње вече троше се ораси, да се види какав му је срећа, здравље, а кад се изломи онда се изломљене љуске бацају у ћошку собу, пилитија(квочка да их изводи) да се изводе, а ако се бацају цели ораси-ће да буду мућци испод квочку.
Ораси се бацају у све четири ћошке(стране) собе-да се играју јагањци.

Шећер са Бадње вечери се оставља као лек за гушу(грло) или кад стоку заболи око.

После вечере н бадње вече сви се целивају(љубе) да овце чувају јагањци.

На Бадње вече муж ргне(муне-руком) жену у слабине а жена ргне њега у слабину, да буде кућа весела читаве године, да буде здрав домаћин куће и онда газда-домаћин куће запева.

На Бадње вече кој први види прегорел бадњак, први ће да види теле када се отели крава.

У торбичку(торбу-изакану од козину) се стави: барут, жути шећер, смоква, ораси, воћке (сушено воће), јабуке, кромпир. Барут се ставља кад се деца нешто препадну(преплаше).
То све служи као лек.

Пасуљ се закопа у земљу да кртица не копа.

На Бадњи дан се закоље прасе - девојка узме и напрај дрво и обрну цревца и кад изађе девојка на игранку-сабор, она с оној дрво пипне или муне момка и он гу мора узме као што се обрту црева.

На Бадњи дан посеје девојка овас на дрвник (место где се секиром секу дрва у дворишту) и кад никне овас, на кога нарекне, за тога ће се девојка уда.

Од Бадње вече вода од воћке ставља се ујутру на сисама крава, да буду меке за мужу, а пасуљ од бадње вечери се закопа у земљу да кртица не копа-а кртица копа што се на астал тура грне.

На Бадњи дан се закоље кокошка и прасе на ражањ-
па се стави лећа (сочиво као грашак) и метне се у
кокошку и у прасе и тој се испече на Божић и кад се
потроши прасе, тој се остави за лек за свињу.

На Бадњи д'н-'лебац од Б'дњи д'н се стави под главу,
онда се момку у с'н прикаже коју ће девојку да узне.

На Бадње вече узне девојка па посеје ов'с и каже на
ов'с:"Да дојде кноћи њој мом'к да узне да жњу".

На Бадње вече закоље се кокошка и стави се верига и
стоји док пројде Божић и т'г се узне и служи као
лек-куј немож' да спи тури се под главу ноћом да
бајаги спи.

Кад се омеси на б'дње вече кравајче, па такој кад се
узне па подели на сва деца по парче и узне девојка
први залок од кравјаче облизне па га остави под
јастук и огледало и чешаљ и једно влакно од косу-куј
је мој момак да дојде код мене кноћи да се умијемо,
да се начешљамо, да се огледамо, кој је поубав од
мене и њега и да дојде да вечерамо и ја ћу му направм
од косу ћуприју и да дојде код мене.

(Истинитост оставрења мађије догодио се у
махалу Раденковци у село Крушевица-„у с'н је дојде
она га не волела и он гу наметне на рамо и однесу"-
запис по казивању Олге Лепојевић-подвукао М.М)

Гламња(жар) од бадњака се чува од беснило, а ујутру се и баница ставља у гламњу од бадњак и ставља се кад се некоме нешто надигне.

Шумке од бадњак стављају се у оцак да престоје и ставља се кад се некоме нешто дигне на руку или ногу.

На Божић треба да буду сви расположени и да се не свађају -да би било добро и сви живели у слози у току целе године.

За Божић се пече прасе а не живина, зато што прасе рије унапред, а живина чепрка уназад-па ће тако да буде током целе године.

Кад се слама пали другог дана Божића-виче се:"колики ми глас, толики ми клас".

Од први Божић су некрштени дани и искачу караконцуле (болести-плашило) до деветнаестог – до св.Јована Крститеља(20 јануар)-дотле и колеђани негде певају, тад се стварају сотоње-осотоње. У народу се тумачи караконцул-мушки ђавол или караконцула-женски ђаво.

На Божић узне се крст из воду-кад буду водице и зајде се црква с барјак и иду сви из село да зајду цркву. Кад појду да зајду цркву-кад изваде крст из воду на водице (крст се тура на Божић- до водице-су некрштени д'ни).

У село Крушевица „крст" се добијао „извлачењем" сламке, а не „плаћањем" као у нека друга села.

Од бадњака исеченог на комадиће праве се крстићи, који се праве са белом вуном и са ален (црвен) конац и на трећи дан Божића-Стевандована се стављају по њиве, на стоку и на кућу.

Од сламе за бадње вечери праве се „колца" и стављају на сваку воћку, да би родиле. Тако се иде од воћке до воћке-нарочито деца: брат и сестра, па брат овако изговара ове речи када носи са собом секиру:"сестро сад ћу да је сечем"-на то ће сестра:"немој брале да је сечеш, ће да роди". Добро-одговара брат, нећу да је сечем, па се „кити" воћка са „колцем" исплетеног од божићно-бадње сламе, како би воћка родила по том веровању.

У неким селима уместо брата и сестре, овај обредни ритуал другог дана божића изводе муж и жена-иду од дрвета до дрвета, па муж замањује секиром да „исече" воћку"-са изговором:"ћу је исечем жено"-а она му одговара:"Ма немој ће роди". Па се тако „колцетија" ставе воћкама по воћњацима како би било више родних дрвета у воћњацима.

Кад писку пилитија- тој су некрштена деца, што су се родила од Божића до Водице-Богојављања(19 јануар)-и које умре оно отиде под ведро небо и дете писка.

Тај пилитија су никаква, несу косови а црна су и живе у браниште, личе на косови а несу косови.

Крст стоји у цркву у воду-од к'д се одсече крст, направ се и после куј 'оће плати, он носи крст-а крст носи куј неје са здравје, а носи крст да оздравеје.

Кладанац се кити на водице-Богојављање (зима-после Божића) и пије се вода кроз босиљак на водице да буде здравље.

Девојка млого туговала за момче, што гу њени несу дали за њега. Отишла ноћу од туге и ујанула (ујахала) камен, туј осамнула и скаменила се, па се верује да је тај камен добио назив Девојкин камен (потес у с. Д.Дејан).
*

Записи: 1970.г., 1976.г.,1980/81.г., 1998.г., 2000.г. и 2007.године села: Крушевица, Преданча (Г.Дејан), Доње Гаре, Шишава, Ломница- СО-е Власотинце, република Србија

Казивачи:Наталија Станчић (1903.г. девојка из с. Јаворје), Младеновић Благоге(1920.г), Младеновић Марица (1925.г) засеок Преданача(с.Г.Дејан); Руска (Грујић) Вељковић(1900.г.девојка из с. Д. Гаре), Ружа

Стаменковић (1903.г.), Ружа Ранђеловић (1912.г.),
Ивановић Јован и Смиљка(1926-1928.г) село
Крушевица, Власотинце и старије жене из села:
Шишава и Ломинива- СО-е Власотинце, република
Србија

Забележио: Мирослав Б. Младеновић Мирац
(рођ.1948.г, махала Преданча село Г.Дејан) наставник
у: ОШ „Карађорђе Петровић“ село Крушевица (1976-
1990.г.) и ОШ „Браћа миленковић“ с. Шишава(1991-
2013.г.); локални етнолог, етнограф и историчар из
Власотинца, република Србија
* * *

КАЗИВАЧИ:

1. *Марковић Чедомир* (1932.г) село Крушевица; *Запис:* 1978.г.с. Крушевца, Власотинце

2. *Милунка Вељковић* (удата у с. Крушевица), Власотинце; *Запис:* 1976.године

3. *Стојковић Чедомир* (1931.г. с. Ладовица, Власотинце; *Запис*: 1977.г. с. Ладовица, Власотинце

4. *Олга Милошевић,* село Бољаре, Власотинце; *Запис:* 1978.године

5. *Мирослав Б Младеновић Мирац* (1948.г.) засеок Преданча, с. Г. Дејан Власотинце; *Запис:* 1980.г. с. Крушевица, Власотинце

6. *Јован Ивановић* (1926.г.) и *Смиљка Ивановић* (рођ. 1928.г., девојачко *Вељковић*, с.Крушевица) с. Крушевица, Власотинце; *Запис:* 1980.године

7. *Зарко Ристић* (рођ. 1912.г. с. Кална-Црна Трава), живи у Српски Милетић; *Запис*: 1985.г.

8. *Борисав Поповић* (рођ. 1910.г. с. Кална-Црна Трава), живи у Српски Милетић; *Запис* 1985.године

9. *Сава Михајловић* (рођ. 1900.г.) с. Кална (Црна Трава); *Запис* 1985.године

10. *Наталија Станчић* (рођ. 1903.г. с. Јаворје) удата у с. Г. Дејан(махала Преданча); ***Запис:*** 1976.године

11. *Благоје Младеновић* (рођ. 1920.г.) планински засеок Преданча с. Г. Дејан, Власотинце; ***Запис:*** 1970.г.године

12. *Марица Младеновић* (рођ. 1925.г.девојачко *Стојановић*, Преданча) планински засеок Преданча село Г. Дејан, СО-е Власотинце; ***Запис:*** 1970.године

13. *Руска Вељковић* (рођ. 1900.г. *Грујић* у с. Д. Гаре) удата у с. Крушевица, Власотинце; ***Запис:*** 1980/81.године

14. *Ружа Стаменковић* (1903.г.) с. Крушевица, Власотинце; ***Запис***: 1980.године

15. *Ружа Ранђеловић* (1912.г.) с. Крушевица, Власотинце; ***Запис:*** 1980.године

16. *Старије жене* у селима Шишава и Ломница, Власотинце; ***Запис:*** 2000.г. и 2007.године

* * *

БОЖИЋНИ ФОТО ЗАПИСИ ИЗ ВЛАСОТИНАЧКОГ КРАЈА:

Фото записи сечења бадњака у село Ломница (Власотинце):

Фото запис 2015.г. с. Д. Ломница(Власотинце):- Отац и син врше припрему сечења бадњака и извођења ритуалних обредних радњи....

**

Фото запис 2015.г. с. Ломница(Власотинце):-Пре сечења бадњака ,отац вином врши обредне ритуалне радње уз присуство свога сина...

**

Фото запис 2015.г. с. Ломница(Власотинце):-После извођења обредних ритуалних радњи, отац уз присуство сина сече бадњак за Бадње вече....

Фото запис 2015.г. с. Ломница (Власотинце):-Са отсеченим бадњаком (храстовом младицом) се задовољно преко винограда у зимској идили улази у своје село...

*

Фото запис 2015.г. с. Ломица(Власотинце):-После групног сечења бадњака (церове-храстове младице), задовољно се иде својим кућама у село...

* *

* * *

Припремање Божићне печенице:

**Фото запис у другој половини 20 века(Власотинце):-
Овако се спремала Божићна печеница, пуцањем из
прангија, ловачких пушака, док се"божићњак" пече
целе ноћи до свануђа на дан Божића....данас се то
ради али на савременији начин уз пуцњаву из
петарди и других ватрених помагала...**

* * *

Фото запис 2015.године с. Ломница(Власотинце):-Групно спремање печенице(печених божићних прасића) али на савременији начин почетком 21. века у село Ломница (Власотинце)...

* * *

Божићна трпеза за Бадње вече(Божић):

Фото запис 2010.године Власотинце:- БОЖИЋНА ТРПЕЗА на Бадње вече са БОЖИЋНИМ КОЛАЧЕМ....

* *

Фото запис 2013.године Власотинце:- БОЖИЋНА ТРПЕЗА на Бадње вече са ПОГАЧОМ-чесницом у којој је стављена пара...

* *

Паљење сламе са бадње вечери, стављање
„крста"(бадњака) и „колцетија"(ужета) сацрвеним
концем од „сламљене постеље" од божићне сламе:

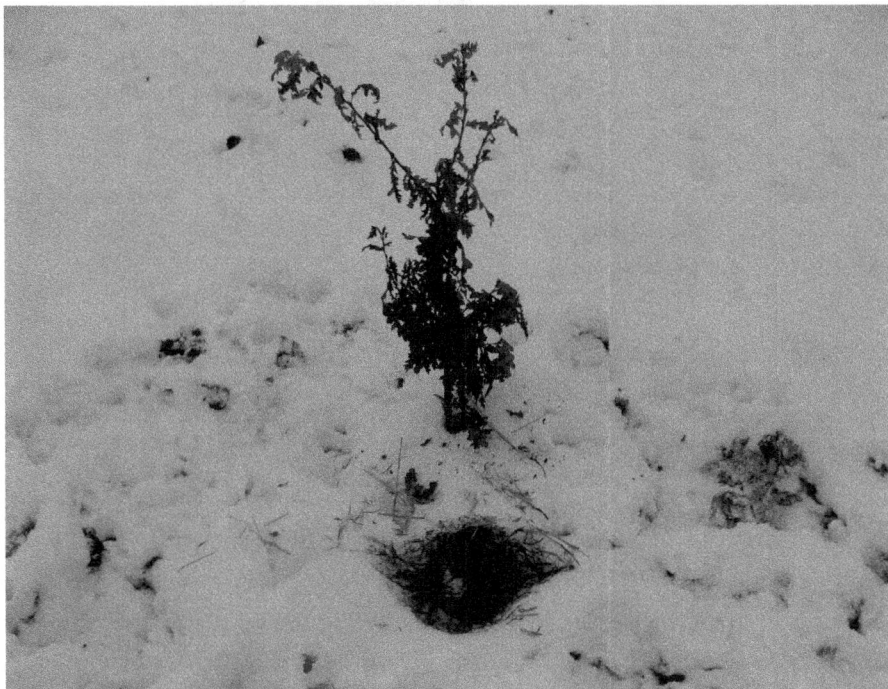

Фото запис 2015.г. у њиви власотиначкога краја:-
Домаћин и домаћица су „палили сламу" са Бадње
вечери у најбољу родну њиву и „поставили" Бадњак
(са крстом) да би ова година била родна у поље...

* * *

*Фото запис 2015.г. у њиви власотиначкога краја:-
Домаћин и домаћица су стављали „колце" или уже
од божићне сламе са црвеним концем увезана слама
на све воћке у воћњаку, са вером да ће ова година
имати добар род воћа...*

* * *

ИНТЕРНЕТ ЧЛАНЦИ НА ФОРУМИМА И ПОРТАЛУ:

Narodni **običaji** i verovanja u **vlasotinačkom kraju** - Вокабулар

www.vokabular.org/forum/index.php?topic=1547.0

Кеширано

СличноNarodni **običaji** i verovanja u **vlasotinačkom kraju**. ... reference: Ciglarstvo u našem **kraju**, autor **Miroslav Mladenović** Mirac **Vlasotinački** .... Na **božić** uzne se krst iz vodu -kad budu vodice i zajde se crkva s barjak i idu svi iz ...

http://www.vokabular.org/forum/index.php?topic=1547.0

Божићни обичаји у власотиначком крају-Горње
Повласиње - Poreklo
www.poreklo.rs/forum/index.php?topic=482.0
  Кеширано
20 нов. 2013 ... Пише: Аутор **Мирослав** Б
Младеновић Мирац локални етнолог Власотинце,
република Србија **БОЖИЋНИ ОБИЧАЈИ** У ...

Ђуревдански **обичаји** у **власотиначком крају**-Горње Повласиње	19 нов. 2013
Коледарске песме у **власотиначком крају**	24 сеп 2013
Народна веровања (Заветотине) у **власотиначком крају**	16 сеп 2013

http://www.poreklo.rs/forum/index.php?topic=482.0
*

Koledarske pesme u **vlasotinačkom kraju**-Gornje
Povlasinje - MyCity
www.mycity.rs/.../Koledarske-pesme-u-
vlasotinackom-**kraju**-Gornje-Povlasinje.html
  Кеширано
  Слично
20 мар 2010 ... Коледарске песме у
власотиначком крају-Горње Повласиње.. ...
Група дечака која изводила обредне **божићне**
песме називала се Коледари или Колеђани. ....
Забележио: **Мирослав младеновић** локални
етнолог # .... **Обичаји**, веровања, изреке,народни
говор, здравице, загонетке, народни ...

http://www.mycity.rs/Srpska-knjizevnost/Koledarske-pesme-u-vlasotinackom-kraju-Gornje-Povlasinje.html
*

Народни **обичаји** у **власотиначком крају** • Forum Srbija
www.forum-srbija.com/viewtopic.php?f=400&t=35069...
Кеширано
Tema posta: Re: Народни **обичаји** у **власотиначком крају**. Post Poslato: Sre ... -
НАСТАВАК- * * * ЗАПИС СТАРИХ **БОЖИЋНИХ** ОБИЧАЈА И ВЕРОВАЊА: .... Забележио: **Мирослав Младеновић** локални етнолог 9.април 2013.године...
http://www.forum-srbija.com/viewtopic.php?f=400&t=35069&start=40

*

Lirske pesme i **običaji**: Koledarske pesme i Koledari - Narodni.NET
narodni.net/lirske-pesme-**obicaji**-koledarske-pesme-koledari/
Кеширано
Koledari (Koleđani) i Koledarske pesme u **vlasotinačkom kraju**-Povlasinje. Piše: **Miroslav B Mladenović Mirac** (1948.g.) lokalni .... **Božić** Bata nosi žitu zlata,
http://narodni.net/lirske-pesme-obicaji-koledarske-pesme-koledari/

*

* * *

Литература (Bibliografija)

[1]   *Из рукописа: Мирослав Б. Младеновић Мирац-* ЗАПИСИ 1970-2015.године; УМОТВОРИНЕ ИЗ ВЛАСОТИНАЧКОГ КРАЈА И ОКОЛИНЕ , 2015. године Власотинце

[2] *Мирослав Б. Младеновић Мирац*(1948.г) село Преданча:-*СЕЋАЊА на БОЖИЋ у детињству 50-60 година 20. века у Горњем Повласињу*, 2009. године Власотинце Мирослав Младеновић Мирац

[3]   *Воја Богојевић, Чедомир Милошевић, Борко Томић:-*КАЛНА ЦРНОТРАВСКА, Црна Трава, !987.године; *БОЖИЋ:-стр: 165-166.*

[4] Мирослав   Младеновић Мирац: - Narodni **običaji** i verovanja u **vlasotinačkom kraju** - Вокабулар (http://www.vokabular.org/forum/index.php?topic=154 7.0)

[5] Мирослав Б. Младеновић Мирац:- **Божићни обичаји у власотиначком крају**-Горње Повласиње - Poreklo (*http://www.poreklo.rs/forum/index.php?topic=482.0*)

[6] Мирослав   Младеновић :- Народни **обичаји** у **власотиначком крају** • Forum Srbija (http://www.forum-srbija.com/viewtopic.php?f=400&t=35069&start=40)

[7]   Miroslav B. Mladenović Mirac :- Lirske pesme i
običaji: Koledarske pesme i Koledari - Narodni.NET
(http://narodni.net/lirske-pesme-obicaji-koledarske-
pesme-koledari/)

[8]   Miroslav B. Mladenović Mirac: -
Srpski običaji Archives - Narodni.NET
(http://narodni.net/category/srpski-narodni-obicaji/)

[9]   *Мирослав Б Младеновић Мирац*:-фото
записи Божићних ообичаја у власотиначком
крају у 20. и почетком 21. века

* **

РЕЧНИК ЛОКАЛИЗМА И АРХАИЗМА

Амбари-дрвена „ћетвртаста" направа за смештај жита на село

бадњак – храстова или букова облица дугачка и по више метара, којом се врше обредни ритуали у време Божића

б'дњи-Бадњи

баница-пита гужвара, сукана баница

сукаљком(оклагијом)

брале-брате

воћке- исушено воће(шљиве, дивље крушке и јабуке) на сунцу на „низи" или насечено у полумесечном облику, које има магиску моћ у времену Божића

воче-воће

вракњица-мала дрвена спољна вратанца на кућу

гламња-ужарено дрво, жар

гумно-место где се врше жито са кравама или коњима

гуша-грло

готве-спремају

гу-је

д'н-дан

д'ни-дани

довати-дохвати

дојде-дође

дрвник-место где се секиром у дворишту секу дрва

жестина-женска особа

женска-жена

 жњу-жању

здравје-здравље

зајде-заће

замет- обор за овце, ограда са тарабама

ижа-кућа, (свк. *Iža*, мађ. *Izsa*) је насељено место са административним статусом сеоске општине (свк. *obec*) у округу Коморан, у Њитранском крају, Словачка Република

караконцул-„мушки ђаво“

караконцула-„женски ђаво“

к'д-кад

кноћи-вечерас

коледа-бадње вече, бадњи дан

коледари- група дечака (мала коледа) или младића (велика коледа) који маскирани изводе коледарске песме у очи Божића

колећани-коледари

„колећан“-обредни хлеб за бадње вече

колећанице- обредни хлебови са фигурама:кућа, стока, овчар и овце, поље, буради за вино,..

„колећанке“-обредни колкачићи са фигурама

колко-колико

„колца“-коло с летено од божићне сламе и црвеним концем са бадње вечери

кравајче-мала погачица хлеба

куј-ко

кој-ко

кука-маша за мешање жара у кубету или шпорету на дрва

'лебови-хлебови

лозје-виноград

напрајм-направим

неје-није

немож'-не може

об'с-овас

облажи се- омрси се, проба, узме

огањ-ватра

оздравеје-оздрави

орашњак-баница(пита) направљена са орасима

'оће-хоће

оче- хоће

пилитија-птице, мали пилићи од квочке на село

печенка-врста тикве-бундеве, која има обредну
магиску моћ у време Божића

пара-новац

поубав-лепши

појду-пођу

пројде-прође

рацам-рађам

рчне-убоде

сабор(собор)-игранка

с'децу-са децом

сас-са

с'н-сан

спи-спава

сотоње (осотоње)-митска бића

стевановдан-Св. Стефан, трећи дан Божића

столичка- столица (дрвена:троношка или
четвороношка)

сушеничка-сушеница, сушено месо

такој-тако

т'г-тад

узне-узме

укаћи се-попне се

торбичка-изаткана торба од козине и вуне од обаца

ћуприја-дрвени мост за запрежну стоку
царевица (мумуруз-у моравски крај)-кукуруз
чабар-дрвена посуда за ручну мужу млека од оваца
че-ће
чу-ће
„шумка"-бадњак, лист од храста или букве

* * *

Биографска белешка:

Мирослав Б. Младеновић- Мирац:- *Рођен је 23.9.1948.године, у планински засеок-махала(касније и село) Преданча, села Горњи Дејан општина Власотинце на Југу Србије-од оца Благоје и мајке Марице у сиромашној печалбарској породици.*

Основну школу је завршио у планинско село Златићево, осмогодишњу у село Свође, где је пешачио дневно по двадесет километара планинским беспућум по кишу и снегу до стицања првог знања за излазак у свет.

Потом завршава средњу пољопривредну школу у Лесковцу, онда ВПШ-група математика у Врању,

59

Уписује и наставља студије на математици на природно математичком факултету, где само апсолвира у Скупљу-уз рад као наставник математике на село.

Због прогона у партиском комунистичком једноумљу, због политичког уверења- није стекао диплому највишег нивоа у науци математике.

Чак бива избачен из просвете по „казни" категорије „морално политичке подобности" пуних шест година рада из просвете.
Тада је морао да ради сезонско горштачке надничарске послове у планини-косач планинских ливада, као и печалбар-циглар и зидар, широм бивше Југославије:од Србије, преко Хрватске до Црне Горе.

Без егзистенције води тешку борбу како би биолошки опстали са четворочланом породицом тих тешких седамдесетих и осамдесетих година 20. века

Радио је као наставник математике од 1970.године од сеоских школа у Доње Кусце на Косову, преко Орашја код Велике Плане, онда сеоских основних школа у селима: Тегошница, Свође, Крушевица, Шишава - до 2013.године; где завршава свој радни век као наставник математике у сеоској осмогодишњој основној школи у село Шишава-Ломница у власотиначком крају.

У родно село Преданча (Г.Дејан), као детету су му „тепали“:“ Миросов, Мирче, Мики, Мирко“; све до у селима:Тегошници , Својђу, Крушевици и селу Шишави у општини Власотинце-у којима је завршио свој просветарски радни век на село.

Тај немирни дух стваралаштва, носио је у себи и никада није хтео да се повинује лажним ауторитетима моћи власти и новца; па је зато због слободоумности и „критичког мишљења“ остао да по „казни“ заврши свој радни век на село као математичар иноватор.

Тај кратки „назив“ МИРАЦ остало му је обележје као неки „заштитни знак“ у стваралаштву и писању:чланка, радова за многе научне скупове, стручно-методских радова за часописе, форума, Портала на Интернету, књига из сфере:локалне:етнологије, етнографије, историографије и народне књижевности ; као и наставе математике.

Одрсастао на планинским висовима Букове Главе планине Чемерник, још као дете остао је везан својим коренима, своме родном селу-завичају, уживао је у лепотама и радостима живота у традицији која полако нестаје са нестанком села на почетку 21.века.

Његови записи о животу на село-о обичајима, историји и о свему што је везано за језик и усмена приповедања дијалектом средине, остаће као *драгоцени истраживачки материјал за етнологију, културу, традцију и историју српскога народа на југу Србије.*

Писао је и објављивао још као средњошколац у многим листовима и часописима у Србији и некадашњој Југославији. Бавио се сакупљањем етнографско-историографске грађе о власотиначком крају.

Као математичар и педагог својим иновацијама учествује на многим конгресима и саветовањима. Стручно-педагошки радови штампани су му у великом броју публикација.
Данас пише песме и кратке приче везане за живот у његовом завичају, каквог га памти из младости.

Као сарадник електронске светске енциклопедије на страни Wiki Vlasotince(internet wikipedija)-написао и узео учешће у писању о Црној Трави, Власотинцу и околини.

Део песама из тада необјављене збирке ПАНИНСКА ОРАТА заступљно је у збирки песама чланова друштва завичајних песника Власотинца КУЋА ОД РАСЦВЕТАЛИХ ЖЕЉА у издању Фондације даровитих „Христифор Црниловић-Кица"- Власотинце 2007.године.
Наставник иноватор и вредан је сакупљач духовног и материјалног блага власотиначког, црнотравског и лужничког краја.

Пише на дијалекту-онако како чује да народ око њега говори.
Његови записи о животу на село-о обичајима, историји и о свему што је везано за језик и усмена приповедања дијалектом средине, остаће као драгоцени истраживачки материјал за етнологију, културу, традицију и историју српскога народа на југу Србије.

Прву самосталну збирку песама: ПЛАНИНСКА ОРАТА издао је 2008.године, другу ПЕЧАЛОВИНА 2011.године, трећу збирку песама АБЕР СА ПЛНИНЕ издао је 2011.године; ПЕЧАЛБАРСКА ПИСМА (2014.г);ПСОВКЕ И РУЖНЕ РЕЧИ ИЗ ВЛАСОТИНАЧКОГ КРАЈА У СРПСКОМ ЈЕЗИКУ-ПОВЛАСИЊЕ(2015.г.), ПЕЧАЛНИК (Завичајне приче, легенде, изреке, клетве, здравице, загонетке-Народне умотворине из власотиначког краја, 2015.г), МАТЕМАТИКА 4, МАТЕМАТИКО МОЈА (Методски чланци из педагошке праксе за осмогодишњу школу, 2015.г.).

У штампи је и нова књига из народне књижевности-етнологије под називом: ДЕЦА У ИГРАМА И ПЕСМАМА ПОВЛАСИЊА (2015).

Објавио је у 2015.години као електронска издања:
-" „Псовке и ружне речи из власотиначкога краја у српском језику-Повласиње" на интернету atazon.com; преко удружења писаца Србије и окружења, као члан тог удружења.

- Измењено издања збирке песама на дијалекту југа Србије: ПЛАНИНСКА ОРАТА и АБЕР СА ПЛАНИНЕ.

У припреми за штампу су и мале бележнице о обичајима из власотиначког краја и околине: Ђурђевдански , божићни, свадбарске и о другим обичајима на село..

.

Поред несумњивих књижевних вредности које ове објављене збирке имају, оне представљају и значајан допринос културној феноменологији села о којима пише-као локални истарживач: етнолог , историчар и писац песама и прича на дијалекту југа Србије.

* * *

64

САДРЖАЈ:

Мирослав Б. Младеновић-Мирац

БОЖИЋНИ ОБИЧАЈИ У ВЛАСОТИНАЧКОМ КРАЈУ И ОКОЛИНИ

CIP - Каталогизација у публикацији -
Народна библиотека Србије, Београд
398.332.416(497.11)
МЛАДЕНОВИЋ, Мирослав Б., 1948-
   Божићни обичаји у власотиначком крају и
околини / Мирослав Б. Младеновић Мирац ;
[фотографије Мирослав Б. Младеновић Мирац]. -
Власотинце : М. Б. Младеновић :
Лоза, друштво за очување културног културног
наслеђа и традиционалних вредности
власотиначког краја, 2016 (Власотинце : М. Б.
Младеновић). - 66 стр. : фотогр. ; 21 cm
   Ауторова слика. - Тираж 100. - Казивачи: стр. 36-
37. - Речник локализама и архаизама: стр. 55-58. -
Биографска белешка: стр. 59-64. - Библиографија:
стр. 49-54.

ISBN 978-86-918837-0-6 (ММ)
 а) Божић - Власотиначки крај
COBISS.SR-ID 220740364

www.ingramcontent.com/pod-product-compliance
Lightning Source LLC
Chambersburg PA
CBHW060635280326
41933CB00012B/2044